AF330477

PUBLICATIONS INTERDITES EN FRANCE

LES

PROPOS DE LABIENUS

ET

A PROPOS DE LABIENUS

Par A. ROGEARD

SUIVIS DE LA

DYNASTIE DES LA PALISSE

Par Ch. LONGUET

LONDRES

LIBRAIRIE ET AGENCE DE L'IMPRIMERIE UNIVERSELLE

1865

LES PROPOS DE LABIÉNUS

ET

A PROPOS DE LABIÉNUS

Par A. ROGEARD

SUIVI DE

LA DYNASTIE DES LA PALISSE

Par Charles LONGUET

LES PROPOS DE LABIENUS

Ceci se passait l'an VII après J.-C., la trentième année du règne d'Auguste, sept ans avant sa mort; on était en plein principat, le peuple-roi avait un maître. Lentement sorti de cette vapeur de sang qui avait empourpré son aurore, l'astre de Jules montait et versait une douce lumière sur le forum silencieux. C'était au beau moment! La curie était muette et les lois se taisaient; plus de comices curiates ou centuriates, plus de *rogations*, plus de *provocations*, plus de *sécessions*, plus de *plébiscites*, plus d'armée de la république, *nulla publica arma*, plus d'*élections*, plus de désordre; partout la paix romaine, conquise sur les Romains; un seul tribun, Auguste; une seule armée, l'armée d'Auguste; une seule volonté, la sienne; un seul consul, lui; un seul censeur, lui encore; un seul prèteur, lui, toujours lui. L'éloquence proscrite allait mourir dans l'ombre des écoles; la littérature expirait sous la protection de Mécène; Tite-Live cessait d'écrire; Labéon de parler; la lecture de Cicéron était défendue, la société était sauvée. Pour de la gloire, on en avait sans doute, comme il convient à un empire qui se respecte; on avait ferraillé un peu partout; on avait battu les gens, au nord, au sud, à droite, à gauche, suffisamment; on avait des noms à mettre au coin des rues et sur les arcs de triomphe; on avait des peuples vaincus à enchaîner en bas-relief; on avait les Dalmates, on avait les Cantabres, et les Aquitains, et les Pannoniens; on avait les Illyriens, les Rhétiens, les Vindéliciens, les Salasses et les Daces; et les Ubiens, et les Sicambres, et les Parthes, rêve de César, sans compter les Romains des guerres civiles, dont Auguste eut l'audace de triompher contre la coutume, mais à cheval seulement, par modestie. Il y eut même une de ces guerres où l'empereur commanda et fut blessé en personne; ce qui est le comble de la gloire pour une grande nation.

Cependant les sesterces pleuvaient sur la plèbe; le prince multipliait les distributions, on eût dit que cela ne lui coûtait rien; il distribuait, distribuait, distribuait; il était si bon, qu'il donnait même aux petits enfants au-dessous de onze ans, contrairement à la loi. Il est beau de violer la loi quand on est meilleur qu'elle.

Pour les spectacles, c'était le bon temps qui commençait. On n'avait que l'embarras du choix : jeux du théâtre, jeux de gladiateurs, jeux du forum, jeux de l'amphithéâtre, jeux du cirque, jeux des comices, jeux nautiques et jeux troyens, sans compter les courses, les chasses et les luttes d'athlètes, et sans préjudice des exhibitions de rhinocéros, de tigres et de serpents de cinquante coudées. Jamais le peuple romain ne s'était tant amusé. Ajoutez que le prince passait fréquemment la revue des chevaliers et qu'il aimait à renouveler souvent la cérémonie du défilé; spectacle majestueux, sinon varié, et qu'il serait injuste d'omettre dans l'énumération des plaisirs qu'il prodiguait aux maîtres du monde. Quant à lui, ses plaisirs étaient simples, et, si ce n'est qu'il donna peut-être trop souvent la place légitime de Scribonie ou de Livie, soit à Drusilla, soit à Tertulla, soit à Térentilla, soit à Ruffila, soit à Salvia

Titiscénia, soit à d'autres, et qu'il eut le mauvais goût,
en pleine famine, de banqueter trop joyeusement, dé-
guisé en dieu, avec onze compères, déifiés comme lui,
et qu'il aima un peu trop passionnément les beaux
meubles et les beaux vases de Corinthe, au point quelquefois de tuer le maître pour avoir le vase, et qu'il fut
toujours un peu enclin au vice de son oncle, et que,
dans sa vieillesse, son goût étant devenu plus délicat,
il ne voulait plus admettre à l'honneur de son intimité
que des vierges, et que le soin de lui amener lesdites
vierges était confié par lui à sa femme Livie, qui, du
reste, s'acquittait avec un grand zèle de ce petit emploi,
si ce n'est cela et quelques menus suffrages, qui ne
valent pas même la peine d'être mentionnés, Suétone
assure qu'en tout le reste sa vie fut très-réglée et à
l'abri de tout reproche. Donc c'était une heureuse
époque que cette ère julienne, c'était un grand siècle
que le siècle d'Auguste, et ce n'est pas sans raison que
Virgile, un peu exproprié d'abord, indemnisé ensuite,
s'écrie que c'est le règne de Saturne qui revient.

Il y avait bien, çà et là, quelque ombre au tableau :
il y avait eu une dizaine de complots, autant de sédi-
tions, et cela gâte un règne; c'étaient les républicains
qui revenaient. On en avait tué le plus qu'on avait pu,
à Pharsale, à Thapsus, à Munda, à Philippes, à Actium,
à Alexandrie, en Sicile; car la liberté romaine avait la
vie dure, il n'avait pas fallu moins de sept tueries en
masse, sept égorgements, pour la mettre hors de com-
bat; les légions semblaient sortir de terre suivant le
vœu de Pompée; on avait donc tué consciencieusement
ces républicains toujours renaissants; mais combien?
Trois cent mille, peut-être, tout au plus; c'était bien,
ce n'était pas assez; il y en avait encore. De là, quelques petites contrariétés dans la vie du grand homme,
Au sénat, il lui fallait porter une cuirasse et une épée
sous sa robe, ce qui est gênant, surtout dans les pays
chauds; et se faire entourer de dix robustes gaillards,

qu'il appelait ses amis, et qui n'en étaient pas moins pour lui une compagnie fâcheuse.

Il y avait aussi ces trois cohortes qui traînaient derrière lui leur ferraille, dans cette même ville où, soixante ans auparavant, il n'était pas permis d'entrer avec un petit couteau: cela pouvait faire naître quelques doutes sur la popularité du père de la patrie, il y avait ensuite Agrippa qui démolissait trop ; mais il fallait bien faire un tombeau de marbre pour ce grand peuple qui voulait mourir. Il y avait encore le préfet de Lyon, Licinius, qui pressurait trop sa province; il ne savait pas tondre la bête sans la faire crier; c'était un administrateur ignorant et grossier, qui se contentait de prendre l'argent où il était, c'est-à-dire dans les poches, procédant sans façon, manquant de génie dans l'exécution; c'est lui qui imagina d'ajouter deux mois au calendrier, pour faire payer, deux fois de plus par an, l'impôt mensuel à sa bonne ville. Du reste, il faut reconnaître qu'il partageait équitablement avec son maître le produit de son administration.

Les bonnes gens de Lyon, ne sachant comment s'arracher cette sangsue de la peau, eurent la simplicité de demander à César le rappel de leur préfet, qui fut maintenu.

Il y avait encore certaine expédition lointaine dont on n'avait pas lieu d'être absolument fier; le malheureux Varus avait été bêtement se faire écraser avec trois légions, là-bas, là-bas, par-delà le Rhin, au fond de la forêt Hercynienne. Cela fit mauvais effet. La guerre est comme toutes les bonnes choses, il ne faut pas en abuser. Elle a le mérite d'être un spectacle absorbant, la plus puissante des diversions, je le veux bien, mais c'est une ressource qu'il faut ménager ; il ne faut pas jouer trop facilement ce jeu insolent et terrible, qui peut tourner contre celui qui le joue; et quand on est un sauveur, il ne convient pas d'envoyer trop légèrement à la boucherie les gens qu'on a sauvés; voilà ce qu'on pouvait dire; mais qui donc y pensait? à peine ving mille mères, et qu'est-ce que cela dans un grand empire? On sait bien que la gloire ne donne pas ses faveurs, et Rome était assez riche de sang et d'argent pour les payer. Auguste en fut quitte pour se cogner tout doucement la tête contre les portes, et pour faire une prosopopée qui, du reste, est devenue classique.

Il y avait enfin Lollius qui avait perdu une aigle; on pouvait s'en passer; et, quant aux finances, une ère nouvelle venait de s'ouvrir, la grande administration était inventée, le monde allait être administré. Le monstre-empire a cent millions de mains et un ventre l'unité est fondée! Je travaillerai avec vos mains et vous digérerez avec mon estomac, voilà qui est clair, et Ménénius avait raison, et je n'ai que faire de l'avis du paysan du Danube.

Si ce système entraînait quelques abus, s'il y avait de temps en temps quelque famine, ce n'était là qu'un nuage dans le rayonnement de la joie universelle, une note discordante qui se perdait dans le concert de la reconnaissance publique, et tous ces petits malheurs, qui d'aventure ridaient la surface de l'empire, n'étaient à vrai dire que d'heureux contrastes, et de piquantes diversions ménagées à un peuple heureux par sa bonne fortune, pour se reposer de son bonheur et lui donner le temps de respirer; c'était comme l'assaisonnement du régal, juste assez pour rompre la monotonie du succès, tempérer l'allégresse et prévenir la satiété. On étouffait de prospérité; il y a des bienfaits qui accablent et des bonheurs qui font mourir.

Qui donc, en cet âge d'or, qui donc pouvait se plaindre? Tacite dit que, sept ans plus tard, à la mort d'Auguste, il ne restait que peu de citoyens qui eussent vu la république; il en restait encore moins de ceux qui l'avaient servie; ils avaient été emportés par les guerres civiles, ou par les proscriptions, ou par les exécutions sommaires, ou par l'assassinat, ou par la prison, ou par l'exil, ou par la misère, ou par le désespoir; le temps avait fait le reste; il restait quelques esprits chagrins, quelques vieillards moroses, et quant à ceux qui étaient venus au monde depuis Actium, ils étaient tous nés avec une image de l'empereur dans l'œil, et s'ils n'en voyaient pas plus clair, on avait lieu d'espérer du moins qu'ils seraient disposés à trouver belle la nouvelle face des choses, et même la plus belle de toutes, n'en ayant jamais vu d'autre. Donc la tourbe de Rémus était contente, et tout était au mieux dans le meilleur des empires.

En ce temps-là vivait Labiénus. Connaissez-vous Labiénus? C'était un homme étrange et d'humeur singulière. Figurez-vous qu'il s'obstinait à rester citoyen dans une ville où il n'y avait plus que des sujets. Comprend-on cela? *Civis romanus sum*, disait-il; impossible de le faire sortir de là. Il voulait, comme Cicéron, mourir libre dans sa patrie libre, imagine-t-on pareille extravagance? Citoyen et libre, l'insensé! sans doute il disait cela, comme plus tard Polyeucte disait: Je suis chrétien! sans trop savoir ce qu'il disait. Le vrai, c'est que sa pauvre tête était malade; il était atteint d'une dangereuse affection du cerveau; du moins c'était l'avis du médecin d'Auguste, le célèbre Antonius, qui appelait ce genre de folie: une monomanie raisonneuse et qui avait ordonné de traiter le malade par la prison. Labiénus n'avait pas suivi l'ordonnance; aussi n'était-il pas guéri, comme vous allez voir, quand je vous l'aurai fait mieux connaître.

Titus Labiénus portait un nom honoré déjà deux fois par de bons citoyens. Le premier Labiénus, lieutenant de César, l'avait quitté, lors du passage du Rubicon, pour ne pas être complice de son attentat; le second avait mieux aimé servir les Parthes que les triumvirs; notre héros était le troisième. Une ligne de Sénèque le rhéteur suffit déjà pour nous faire entrevoir cette grande figure, car nous y trouvons cette fière parole de Labiénus: *Je sais que ce que j'écris ne peut être lu qu'après ma mort*. Orateur et historien de premier ordre, parvenu à la gloire à travers mille obstacles, on disait de lui qu'il avait *arraché* plutôt qu'*obtenu* l'admiration. Il écrivait alors une histoire dont il lisait parfois, portes closes, quelques pages à des amis sûrs. C'est à propos de cette histoire que la condamnation des livres au feu fut appliquée pour la première fois, sur la motion d'un sénateur qui fut lui-même frappé, quelque temps après, de la peine qu'il avait inventée; et Labiénus eut ainsi, le premier à Rome, l'honneur, devenu commun plus tard, d'un sénatus-consulte incendiaire. C'est ce que M. Egger appelle judicieusement « les difficultés nouvelles que le régime impérial fit naître pour l'histoire. » Le pauvre historien brûlé, ne pouvant survivre à son œuvre, alla s'enfermer dans le tombeau de ses ancêtres, pour n'en plus sortir. Il croyait son œuvre anéantie, elle ne l'était pas. Cassius la savait par cœur, et Cassius, protégé par l'exil, était, comme il disait lui-même, une édition vivante du livre de son ami, une édition qu'on ne brûlerait pas. Sans doute la mort de Labiénus fut aussi folle que sa vie; un livre brûlé, la belle affaire! est-ce qu'on se tue pour cela? Le sénat ne voulait pas la mort du coupable, il ne voulait que lui donner un avertissement; il fallait en profiter; mais cet homme prenait tout à rebours, et entendait toujours de travers, quand il entendait. Il était bien digne de figurer dans ce long défilé de suicides stoïciens qui venait de commencer, et parmi tous ces héroïques niais, tous ces opposants systématiques et absolus, enragés et absurdes, qui faisaient de leur mort même, un dernier acte d'opposition, et s'imaginaient, en s'ouvrant les veines; faire un bon tour à l'empereur. Aucuns même se tuaient uniquement pour faire enrager le prince, qui en riait dans sa moustache, et n'en était que plus persuadé de l'excellence de sa politique, en voyant que sa besogne se faisait toute seule. Labiénus était de ceux-là; vous voyez bien que c'était un imbécile: tel est l'homme dont nous voulons vous redire les propos, et vous verrez que, dans ses propos comme dans sa vie et dans sa mort, il fut toujours le même, c'est-à-dire un incorrigible. C'était un homme du vieux parti, puisque la liberté était passée; un réactionnaire, puisque la république était une chose du temps jadis; un ci-devant de l'ancien régime, puisque le gouvernement des lois était le régime d'autrefois; en un mot, c'était une ganache.

Il était de ces méchants qui doivent trembler sous un gouvernement fort, pour que les bons se rassurent, et que la société ébranlée, jusque dans ses fondements puisse se rasseoir sur ses bases. Ce n'est pas tout; Labiénus était ingrat : en plein césarisme, en pleine gloire, au milieu de cette surabondance de félicité publique et de cette fête immense du genre humain, il méconnaissait les bienfaits que répandait à pleines mains le second fondateur de Rome, le pacificateur du monde; il avait à la fois les passions aveugles et les passions ennemies qui font les hommes dangereux et les citoyens funestes. Mais vous ne le connaissez pas encore. Sa passion manquant d'air et d'espace, dans l'étouffement du principat, ne pouvant plus ni parler, ni écrire, ni agir, ni se mouvoir, il passait des heures entières sur le pont Siblicius, à voir couler le Tibre, immobile et muet, mais le regard furieux, le geste menaçant, la poitrine gonflée de l'esprit des anciens jours, comme une statue de Mars vengeur, comme un tribun pétrifié. Il est doux de dormir, disait Michel-Ange, ou d'être de pierre, tant que durent la misère et la honte. Labiénus ne dormait pas, mais il était de pierre, plus dur que le roc du Capitole *(immobile saxum)*. La tyrannie n'avait pas prise sur lui, et l'empire n'y pouvait mordre; c'était un Romain de la vieille roche, que rien ne pouvait entamer. Seul, debout comme Coclès, entre une armée et un précipice, il défiait l'une et l'autre : il défiait Auguste et souriait à la mort. Dans tout cela, il y avait du bon, si vous voulez ; mais à côté, quel caractère détestable et quel esprit mal fait ! Octave avait eu beau frapper une superbe médaille, avec les trois mains entrelacées des triumvirs, et cette sublime légende : *Le salut du genre humain*, cela encore lui déplaisait ; il prétendait qu'on l'avait sauvé malgré lui, et il citait le vers d'Horace :

> Quand d'être ainsi sauvé je n'ai pas le dessein,
> Au diable le sauveur, qui n'est qu'un assassin.

Le vieux Labiénus était de ceux qui avaient vu la République ; ce n'était pas sa faute ; mais il avait la sottise de s'en souvenir, là était le mal. Il voyait maintenant un grand règne, et il n'était pas content. Il y a des gens qui ne le sont jamais. Il se croyait toujours au lendemain de Pharsale ; quarante ans de gloire lui crevaient les yeux sans les ouvrir ; il avait l'air d'un homme qui fait un mauvais rêve, et la réalité pour lui n'était qu'une infernale vision. Il avait des étonnements naïfs ; il ne voulait pas croire que c'était arrivé. Épiménide (qui dormit cent ans), quand il se réveilla, était moins étonné. Triste dans la joie universelle, sombre au milieu de l'orgie romaine, comme les deux philosophes du tableau de Couture, il était là et semblait vivre ailleurs ; c'était un spectre dans une fête ; vous eussiez dit un mort échappé des tombeaux de Philippes, une ombre curieuse qui vient voir. Quelquefois un ami le plaignait ; lui, plaignait son ami. Le plus souvent, tout seul, il grondait dans son coin ; il regardait passer l'empire. Il n'était guère possible de faire entendre raison à un pareil homme : il était d'un autre âge, exilé dans l'âge nouveau ; il avait la nostalgie du passé ; il n'avait rien appris ni rien oublié ; il ne comprenait rien à l'époque présente ; il avait tous les préjugés de Brutus ; il était infecté d'opinions grecques qui n'étaient plus de mise à Rome depuis longtemps. Il avait l'air vieux comme les Douze Tables ; il pensait encore comme on pensait du temps de Fabricius ou des Camilles chevelus. Et puis des idées fantasques et d'incroyables manies; surtout un goût bizarre, inexplicable, étrange : il aimait la liberté! Evidemment T. Labiénus n'avait pas le sens commun. Aimer la liberté! Comprenez-vous cela? C'était une opinion rétrograde, puisque la liberté était une chose ancienne; les hommes nouveaux aimaient le régime nouveau. Il n'avait pas le sentiment des nuances, ni la notion du temps, ni l'intelligence des transitions.

Le temps avait marché, les idées aussi : lui, restait planté là comme un terme ; il croyait encore à la justice, aux lois, à la science et à la conscience ; évidemment il radotait. Il parlait du parti des honnêtes gens, comme Cicéron; il parlait de Sénat, de tribuns, de comices, et ne voyait pas que tout cela était fondu comme neige dans le cloaque immense, et qu'il était presque seul sur le bord. Il comptait encore les années par les consuls, car Auguste avait laissé le nom pour faire croire à la chose, et lui espérait ressusciter la chose en conservant le nom. Il préparait des discours au peuple, comme s'il y avait un peuple; il invoquait les lois, comme s'il y avait des lois; le principat n'était pour lui qu'une parenthèse de l'histoire, une page honteuse des annales romaines; il avait hâte de tourner la page ou de la déchirer; il disait toujours que cela allait finir, et il le croyait; les gens le croyaient fou, et il l'était, comme vous voyez. Au demeurant bon homme; entêté plutôt que méchant; incapable de tuer un poulet et de souhaiter le moindre mal à un homme, si ce n'est à Auguste, et encore. Il était si doux qu'il était d'avis de ne l'envoyer qu'au bagne, tourner la meule contrairement à l'opinion plus commune de ceux qui voulaient le mettre en croix. Il pensait d'ailleurs, avec les stoïciens que le châtiment est un bien pour le coupable; il est donc vrai de dire qu'il souhaitait à Auguste le seul honneur qui pût lui arriver: l'expiation. Un jour qu'il se promenait sous le portique d'Agrippa, il rencontra Gallion. Junius Gallion était un jeune sage, comme Labiénus était un vieux fou. C'était un jeune homme sérieux et doux, instruit et élégant, poli, circonspect et prudent, un stoïcien modéré; Espagnol et Romain, citoyen et sujet, homme de deux époques et de deux pays, sang mêlé, opinion croisée, un peu ceci et un peu cela; tournant parfois, comme Horace, ses regards attendris sur le berceau de l'empire; donnant une larme à Caton, un sourire à César; caractère bienveillant, aimant un peu tout le monde, même Labiénus. Il était frère de Sénèque, qui n'osa pas vivre, et oncle de Lucain, qui ne sut pas mourir; on n'avait plus que des moitiés d'héroïsme et des tronçons de grandeur, peuple en ruines, avant ses temples; çà et là encore quelques demi-Romains. Gallion faisait des vers pour le favori de Mécène; les critiques l'appellent l'ingénieux Gallion. Enfin, il avait de l'esprit, car il fut proconsul. C'est de lui qu'on a nommé *gallionistes* les indifférents en matière religieuse; il aurait pu être un peu patron, du même genre, en matière politique. C'est ce que lui reprochait Labiénus. Et je crois que le sombre promeneur allait passer sans se soucier de le reconnaître; car Labiénus n'était pas aimable; il n'était guère plus affable que ces fameux sénateurs qui, fièrement assis au milieu du forum, reçurent un jour si froidement les Gaulois. Aussi Gallion ne se serait pas hasardé à lui caresser la barbe, mais le jeune homme était si content, si ému, avait si grand besoin de trouver quelqu'un à qui dire la grande nouvelle qu'il venait d'apprendre, il était si curieux d'en voir l'effet sur Labiénus, qu'il l'aborda : Bonjour, *Titus! quid agis, dulcissime, rerum,* Comment te portes-tu? Mal, si l'empire se porte bien.

—C'est bon, on sait bien que tu es toujours de mauvaise humeur; mais j'ai une nouvelle à t'apprendre.
— Il n'y a pas de nouvelles pour moi tant qu'Auguste règne encore. — Allons, je sais que tu es en colère depuis trente ans, et que tu n'as pas ri une fois depuis le triumvirat; mais voici ma nouvelle: les *Mémoires* d'Au-

guste viennent de paraître. —Et depuis quand les brigands font-ils des livres? — Depuis que les honnêtes gens font des empereurs. — Hélas! — Ainsi, mon cher Titus, tu ne liras pas ces *Mémoires?* — Je les lirai, Gallion, je les lirai, en pleurant de honte. — Et tu vas y répondre, les critiquer, faire un anti-César, comme César a fait un anti-Caton? — Non, Gallion, je ne veux rien publier sur ce sujet, je ne discute pas avec celui qui a trente légions; dans un pays qui n'est pas libre, on doit s'interdire de toucher à l'histoire contemporaine, et la critique, en pareille matière, est impossible. — Tu ne veux pas éclairer le public? — Je ne veux pas contribuer à le tromper, car, par le temps qui court, sur de tels sujets, rien de ce qui paraît ne peut être bon, rien de ce qui est bon ne peut paraître. Je continuerai mon histoire secrète, dont j'enverrai les feuillets à Sévérus, en lieu sûr; je sauverai la vérité, en l'exilant. — Mais on assure que la critique sera libre; la tyrannie donnera huit jours de congé à la littérature. — Ils ne pourront donner qu'une fausse liberté, une liberté de décembre, c'est-à-dire une liberté de carnaval, *libertas decembris*, comme dit Horace; je ne veux pas en user. Je ne veux pas, en écrivant contre le *livre*, me trouver placé entre la vengeance d'Octave et la clémence d'Auguste, sans avoir même le choix. Je ne veux pas, comme Cinna, donner au drôle l'occasion de faire le magnanime, et être exécuté par une grâce. Quant à louer le livre, je ne le puis que s'il est bon, auquel cas je craindrais d'être confondu avec ceux qui le louent pour d'autres motifs. Il m'est donc aussi impossible de louer que de blâmer. Et d'ailleurs, le livre n'est pas bon et ne pouvait pas l'être. Quand un homme est assez coupable pour se faire roi, et assez sot pour se faire dieu, je pense qu'il ne saurait avoir toutes les qualités requises pour écrire l'histoire. Vous êtes sûr déjà qu'il n'a ni bon sens, ni bonne foi; alors qu'est-ce qui lui reste? Il ne peut ni savoir la vérité, ni la dire, s'il la savait; alors de quoi se mêle ce porte-sceptre? Et pourquoi s'avise-t-il d'écrire? Un roi historien doit commencer par abdiquer. Il ne l'a pas fait; mauvais signe! Et puis, j'en ai lu des passages. Il justifie les proscriptions et fait l'apologie de l'usurpation. Cela devait être.-Et tu veux, Gallion, que je fasse la critique de cette œuvre d'ignorance et de mensonge, revêtue de l'approbation de deux mille centurions, et recommandée au lecteur par les vétérans. La critique! c'est le siége, que tu devais dire. Et tu ne vois pas, mon bon petit Gallion, que c'est là un des meilleurs tours que le fils du banquier ait joués aux fils de la louve, qui, hélas! ne savent plus mordre, comme leur aïeule. Ah! Gallion, nous sommes dégénérés, nous sommes des Romains de décadence, tombés de César dans Auguste, et de Charybde dans Scylla; de la force dans la ruse, et de l'oncle dans le neveu! Pouah! Non, je ne veux pas tomber dans ce guet-apens littéraire, ni donner dans le panneau, ni surtout y faire tomber les autres; non, je n'écrirai pas sur les *Mémoires* d'Auguste. Le silence du peuple est la leçon des rois. Labiénus la donnera à Auguste.

Sois tranquille, d'ailleurs; si tu veux de la critique sur ce petit morceau de la littérature impériale, si tu veux de fines appréciations, on t'en donnera; si tu veux de savantes dissertations, il en pleuvra; si tu veux d'ingénieuses et piquantes observations, des aperçus pleins de nouveauté, des discussions élégantes et courtoises, soutenues d'un ton exquis par les gens du meilleur monde, tu en auras; si tu veux de la controverse à genoux et de la rhétorique à plat ventre, et des épigrammes à surprise, dont la pointe chatouille au lieu de piquer, et des morsures qui sont des caresses, et des reproches sanglants qui font plaisir, et d'adorables gentillesses adroitement glissées sous l'apparence d'un jugement sévère, et de jolis petits mots tout aimables, délicatement enveloppés dans les plis d'une phrase fé-

roce et rébarbative, et des bouquets de fleurs de lati-
nité, et des flots d'éloquence melliflue, et des argu-
ments offerts sur des coussins de velours, et des objec-
tions présentées sur un plateau d'argent, comme une
lettre par un domestique; rien de tout cela ne te man-
quera, mon cher Gallion; nous allons voir danser le
chœur des Muses d'Etat, et c'est Mécène qui conduira
le ballet. Les chastes sœurs ont quitté le Pinde pour le
mont Palatin, et Apollon s'est mis dans la police. Donc
Auguste est assuré d'avoir un public, des lecteurs, des
juges, des critiques, des copistes et des commentateurs;
il se trouvera des gens pour cette besogne. Qui a fait
des Virgiles, peut faire des Aristarques; il lui en faut, il
en aura!

Déjà toute la littérature est en liesse : Varius pleure
de joie; Flavius trépigne de tendresse; Rabirius pré-
pare ses tablettes; Hatérius fera une lecture, et Tarpa
une déclamation; Pompéius Macer déclare que c'est
un beau jour pour la morale et commande trois exem-
plaires de luxe, pour les trois bibliothèques qu'il vient
d'organiser; Fenestella va ajouter un volume à son
histoire littéraire; Métellus, qui fait si bien les discours
du prince, comptera les beautés oratoires de son livre;
et Verrius, le grammairien, les beautés grammaticales;
Marathus, l'historiographe, donnera une analyse dans
le journal de la cour; et Athénodore, le protégé d'Oc-
tavie, rédigera une paraphrase pour les dames, et des
notules explicatives à la portée des princesses. En
voila dix, j'en connais mille; tous ces gens-là vont dé-
filer devant l'empereur, en criant à tue-tête, comme les
chevaliers à la parade; lui cependant aura une attitude
pleine de modestie et de majesté; son geste dira:
assez! son sourire dira: encore! et la cohue s'égosillera
de plus belle. Comme il a eu, pour applaudir ses
actes, la populace des sept collines, il aura, pour louer
son livre, la populace des auteurs; les applaudissements
sont sûrs, mais ils ne peuvent venir que d'un côté;

c'est même là une conséquence assez grotesque de sa situation littéraire unique. L'infortuné ne l'a peut-être pas prévue, mais je m'en moque; il réussira par ordre, c'est dur, mais je n'y peux rien. La toute-puissance a des inconvénients pour un auteur; tout n'est pas roses dans le métier d'écrivain couronné. La place n'est pas tenable, et Virgile y aurait perdu son latin. Mais il faut subir la loi qu'on s'est faite, et quand la honte est versée, il faut la boire. Attention donc, mon cher Gallion; la fête va s'ouvrir, elle sera bruyante et nombreuse; déjà les musiciens sont à leurs places, accordent leurs instruments et préludent au concert; regarde donc et écoute, si c'est ton goût; j'avoue que le spectacle ne laissera pas d'être assez réjouissant pour ceux qui peuvent rire encore.

Je sais que l'ouvrage comprendra la dernière guerre civile, et même la dernière année de Jules-César. En bonne foi, mon cher Gallion, peux-tu prendre cela au sérieux? Auguste publiant un livre sur la révolution qu'il a faite! Que dire, selon toi, d'un criminel qui publie l'apologie de son crime? A mon sens, il commet un second attentat plus difficile, il est vrai, que le premier (car il est plus facile de commettre un crime que de le justifier); mais ce second attentat, s'il est plus difficile, est aussi plus coupable et plus funeste, car les victimes sont plus nombreuses, les conséquences plus durables. Le premier s'attaque à la vie des hommes, l'autre à leur conscience; l'un tue le corps, l'autre l'esprit; l'un opprime le présent, l'autre l'avenir. C'est le coup d'Etat dans la morale, la création du désordre, l'injustice systématisée, l'organisation du mal, la promulgation du non-droit, la proscription de la vérité, la défaite définitive de la raison publique, la déroute générale des idées, une bataille d'Actium intellectuelle. C'est le vrai couronnement d'un édifice de scélératesse et d'infamie, c'est aussi le seul possible. Le livre d'Auguste, c'est sa vie érigée en exemple, c'est son ambition innocentée, c'est sa volonté formulée en loi, c'est le code des malfaiteurs, la bible des coquins; et c'est un pareil livre que vous voulez critiquer publiquement, sous le régime de son bon plaisir! Vous voulez faire à Auguste une opposition littéraire? Allons donc! de la critique contre Octave! quelle dérision! il n'a pas fait de critique contre Cicéron? il l'a tué! Quoi! le misérable qui vous assassine vous fait un sermon sur l'assassinat et, avant de vous achever, il vous demande votre avis sur sa petite composition, mais votre avis, là, bien sincère, sur le fond et sur la forme, votre avis politique et littéraire; car il est artiste et bon enfant, et il veut savoir votre opinion sur son œuvre; et vous, bonnement, vous iriez la lui dire, et, le couteau sur la gorge, vous allez gentiment confabuler avec le bourreau! Gallion, mon ami, vous n'y pensez pas!

Que diriez-vous de Verrès faisant un livre sur la propriété? Est-ce que vous discuteriez avec lui? Les *Mémoires* d'Octave sont-ils donc autre chose? N'est-ce pas la théorie de l'usurpation, écrite par un usurpateur? C'est une école de conspiration, ouverte par un conspirateur impuni.

L'auteur n'y peut dire, après tout, que ce qu'il sait; il sait piller une ville, égorger un sénat, forcer un trésor dans un temple et voler Jupiter; il sait faire de fausses clés, de faux serments et de faux testaments; il sait mentir au Forum et à la Curie, corrompre les électeurs ou s'en passer; tuer ses collègues blessés, comme à Modène, proscrire en masse, et autres jeux de princes; il sait, suivant la méthode du premier César, comment on emprunte aux uns pour prêter aux autres, et se faire des amis des deux côtés; il sait, d'un vigoureux élan, franchir toutes les barrières et tous les Rubicons, puis, d'un bond suprême, s'enlevant au-dessus des lois divines et humaines, faire le saut périlleux, cabrioler et tomber roi. Il sait tout cela, mais il ne sait pas un mot d'histoire, ni de politique, ni de morale, si ce n'est dé la grande, c'est-à-dire de la morale des grands qui s'enseignait dans sa famille. On ne trouve donc rien dans son livre de ce qu'on a besoin de savoir et on y trouve, à profusion, ce qu'il est dangereux d'apprendre. Il aime les vieux mots, les vieilles monnaies et les vieux casques, mais il n'aime pas les vieilles mœurs. Allez-vous discuter avec lui un point de grammaire, d'archéologie ou de numismatique? Sot, qui lui ferait cet honneur. Vous voyez bien que ce serait là tomber dans un piége et jouer son jeu. Les gens de sa sorte se sentent, quoi qu'ils fassent, au ban de la société; ils en sont sortis violemment par un crime, ils veulent y rentrer doucement par la ruse. Ils n'ont plus qu'une ambition, se faufiler parmi les honnêtes gens, Pour cela, ils prennent tous les déguisements; ils vont cherchant partout leur pauvre honneur perdu; on les voit, mendiants couronnés, quêter l'estime à toutes les portes; c'est la seule aumône qu'on ne puisse pas leur faire. Auguste en est là; ce buveur de sang n'a plus qu'une soif, celle des louanges; ce voleur de l'empire du monde ne veut plus voler qu'une chose : sa réhabilitation. Mais il tente l'impossible. L'effort impuissant et désespéré qu'il fait pour sauver quelques débris de sa réputation naufragée, cet effort suprême pour raccrocher son honneur à une dernière branche qui va casser, cette dernière lutte de César avec l'opinion qui l'écrase, a je ne sais quoi de lugubre et de comique, comme la dernière grimace d'un pendu, ou comme le sourire du gladiateur, qui veut mourir avec grâce. Le livre de César, c'est la toilette du condamné, c'est le salut du supplicié à la foule, en marchant au supplice. C'est la coquetterie du dernier jour. César était si sale, que le bourreau n'en eût pas voulu; il se débarbouille un peu, pour embrasser la mort. Et il demande des lecteurs! l'insolent! des lecteurs pour César! à quoi bon! Il ose, dans une préface, adresser des questions aux lecteurs ; mais c'est le licteur qui répondra. — En attendant cette réponse, je vais lire les *Mémoires* d'Auguste. — Et moi, répondit Labiénus, je vais relire les *Libelles* de Cassius.

A PROPOS DE LABIÉNUS

(*) On nous envoie de Rome, par dépêche télégraphique, la copie suivante d'un édit de César, trouvé à Caprée, touchant les propos de Labiénus, non point les propos imprimés, mais ses propres paroles, *volentia verba*.

« Nous César, consul à vie, tribun perpétuel, à 1,000 stades au delà de l'enceinte de Rome, triomphateur des Parthes, des Sicambres, des Ubiens, etc.

« Ayant adressé nos offrandes à Jupiter Sauveur, à Vénus et à Ancus Martius, nos deux divins aïeux ;

« Après avoir réclamé d'eux de nous octroyer le

« Cela étant fait et considérant qu'un certain Labiénus passe devant nos statues sans vénération ni salutation, ainsi qu'il convient à tout citoyen romain.

(*) Cette dernière partie a paru dans le *Sancho* de Bruxelles, quelques jours après la condamnation de M. Rogeard, à cinq ans de prison et cinq cents francs d'amende, par le Tribunal correctionnel de Paris. On lui en attribue généralement la paternité, c'est ce qui nous a engagé à la reproduire.

(Note de l'Editeur)

« Considérant aussi qu'il a témoigné en diverses occasions du mépris pour notre personne; qu'il a été vu bien des fois accoudé sur le parapet du pont Milvius, l'œil haineux et le geste menaçant, et que lorsqu'on lui demandait ce qu'il cherchait dans le fleuve, il répondait: La république;

« Attendu qu'il semble insinuer que la critique de nos actes, de ceux de nos généraux, des soi-disant extorsions des préfets des quatre provinces, des consuls et des sénateurs appartient à tout citoyen romain, ce qui est contraire à toutes les lois;

« Considérant qu'il n'apporte pas dans l'examen de ces actes, l'esprit de dévouement et de respect qui doit guider tous les sujets de l'empire, mais qu'au contraire il y introduit une franchise dangereuse, une intolérable sévérité, une austérité qui n'est plus d'accord avec les mœurs de notre temps, et qu'il déclare, en outre que, hors de la justice et de la légalité il n'y a point de salut pour l'empire;

« Vu qu'il a répandu dans les carrefours de Rome ce méchant propos qu'il vaudrait mieux faire travailler le peuple que de le nourrir à ne rien faire de pain et de spectacles, et qu'il a dégradé ainsi la qualité de citoyen romain;

« Attendu qu'il nous accuse d'avoir porté en Etrurie et dans toute l'Italie, la ruine et la fainéantise, tandis que les provinces, mieux gouvernées, dit-il, sont par leur travail et leur industrie plus riches que Rome qu'elles nourrissent;

« Attendu que tous ces hommes de mauvaise humeur et toujours soupçonneux, sont dangereux aux nations et aux empires, qu'ils sèment l'esprit de révolte et avachissent l'esprit de soumission;

« Considérant que Labiénus se promène dans Rome avec un petit chien extrêmement doux et très-fidèle; qu'un ami lui demanda un jour comment lui, homme de la république, voulait de cet esclave derrière lui et quand il donnerait à l'animal sa démission de chien? Quand j'en ferai un sénateur, répondit Labiénus, critiquant ainsi de la manière la plus insolente le dévouement que le sénat porte à notre personne.

« Par ces causes et pour beaucoup d'autres, vu que Labiénus a manqué au respect dû au consul, au tribun, au dictateur, aux lois de l'empire et [aux Dieux représentés par nous;

« De notre autorité et en vertu d'un sénatus consulte antérieur, déclarons Labiénus déchu de son droit de citoyen romain; le condamnons a être mené dans l'amphithéâtre, le jour où l'on tendra sur l'arène le velarium de soie dont chaque once vaut un li d'or, nous nous rendrons à ce séjour d'instruction du peuple-roi en traversant Rome entre quarante éléphants portant des lustres de cristal de roche;

« Là, devant nous et le peuple romain, Labiénus sera livré aux bêtes, et s'il en reste un morceau, la langue surtout, ce morceau sera exposé devant sa maison, pour servir d'exemple.

« Ainsi fait à Rome, aux nones Quintilis, sous la protection de Jnon.

Par ordonnance de César,

« *Pour copie conforme,*

« Titus Bibulus Sshnouffius. »

LA DYNASTIE DES LA PALISSE

Il y a quelques siècles un homme fonda une dynastie, sans y songer et sans le savoir, ce qui est bien la meilleure manière.

Il était doué d'ailleurs d'une honnêteté naïve qui, dans l'histoire, le distingue tout particulièrement de ses confrères. Dans sa bouche, la vérité s'exprimait en paroles simples, qui ont fait vivre son nom à travers les âges. Comme l'écrivit un jour un de ses plus éloquents successeurs: « Il a survécu au néant, » ce qui est le propre du génie.

C'était un homme providentiel.

Il s'appelait M. de La Palisse.

*
* *

Pourquoi l'histoire capricieuse et les masses aveugles n'ont-elles pas dit : La Palisse Ier, La Palisse II, La Palisse III ? etc... C'est là une de ces fantaisies inexplicables contre lesquelles doit procéder tout sincère admirateur des hommes providentiels et de leur gloire.

Soyons logiques et nous serons justes. C'est désormais toute la règle en histoire. La logique, voyez-vous!....

Si Port-Royal s'en était douté, la France eût eu bien plus tôt son grand historien. Mais il nous siérait mal aujourd'hui de nous plaindre. Tout vient à point à qui sait attendre.

*
* *

Entre nous, ce qui excuse peut-être l'histoire capricieuse et les masses aveugles, c'est qu'à compter les descendants en ligne plus ou moins directe de La Palisse le Grand, elles eussent perdu leur latin.

Je vous ai parlé des succeseurs de La Palisse. Hélas! quelle décadence!

Comme ils ont altéré cette naïve simplicité de leur ancêtre, qui fit toute sa gloire et fut tout son génie!

Certes, ils en ont gardé assez, avouons-le, car il faut être juste... pour être logique, — pour qu'on puisse aisément reconnaître leur filiation, avantage bien rare chez les successeurs des monarques.

*
* *

Voici comment les successeurs de La Palisse ont défiguré ses charmantes et honnêtes qualités. Je vais tout vous dire en un mot:

Ils ont emprunté tout ce qu'il y avait de mauvais à chacun des régimes qui les ont précédés. Voilà.

Je veux dire qu'ils ont mêlé Prudhomme et Jocrisse, à leur aïeul — si peu prétentieux, l'honnête homme!

De là une décadence dans leur langage.

Et cependant pour être juste — et logique, — il faut reconnaître qu'ils ont montré des qualités nouvelles, bien faites pour éblouir la masse des badauds, qui railleraient sans pitié la simplicité sainte de La Palisse Ier, mais auxquels on impose aisément la solennité, la fausse noblesse, en un mot la banalité vernissée et boursoufflée de métaphores.

*
* *

Prenons des exemples. — En voici un:

La sagesse des nations, qui parle souvent comme La Palisse, a dit: Il n'y a pas d'effet sans cause. — Rien de plus vulgaire.

Voyez maintenant comment avec un ton dogmatique, un faux air de philosophie, on peut rajeunir une pensée aussi banale. On écrira dans ce genre:

« Tenons pour certain qu'un grand effet est toujours dû à une grande cause, jamais à une petite. »

Et si l'on veut ajouter à la pensée l'éclat d'une métaphore:

« L'étincelle n'allume un vaste incendie que si elle tombe sur des matières combustibles amassées d'avance. »

La *Cuisinière bourgeoise* dit: « Pour faire un civet, prenez un lièvre; » M. de La Palisse, lui, eût dit: « Pour faire du feu, prenez des matières combustibles. » L'écrivain cité a su habilement orner ces vérités trop nues.

*
* *

Il y a une vingtaine d'années, lorsqu'il n'avait pas encore perfectionné son procédé et qu'il s'en tenait purement et sottement aux préceptes du maître, cet auteur s'était acquis une belle réputation par un ou-

vrage dont j'extrai comme spécimen la phrase suivante :

« La richesse d'un pays dépend de la prospérité générale. »

Cela, je l'avoue, me séduit davantage. C'est presque
du La Palisse. Mais, depuis, je le répète, quelle décadence !

Vous vous rappelez le couplet où il est dit du grand
La Palisse :

> ...Il était toujours vainqueur
> Quand il remportait la victoire.

Eh bien ! voyez avec quelle grandiloquence on peut
exprimer une pensée analogue :

« Si pendant près de mille ans les Romains sont toujours sortis triomphants des plus dures épreuves et
des plus grands périls, c'est qu'il existait une raison
générale qui les a toujours rendus supérieurs à leurs
ennemis... »

***

Mais ces trouvailles heureuses, ces habiles orne-
ments faussent parfois la pensée ou la rendent inintel-
ligible. Voici un exemple de ce défaut dans une phrase
déjà citée :

« C'est le propre du génie que de survivre au néant. »

Survivre au néant ! Vivre après le néant ! Qu'est-ce
que cela peut bien signifier.

Le disciple inconnu de La Palisse, qui a chanté son
histoire, a bien pu dire : « Un quart d'heure avant sa
mort il était encore en vie. » Mais il avait trop bien re-
tenu les leçons du maître et son amour naïf de la vérité pour jamais se permettre d'écrire : Un quart d'heure
après sa mort il était encore en vie.

***

Ce qui précède montre assez quel a été notre but en
écrivant ces lignes. Notre but, c'est de prouver que
lorsque la Providence suscite des hommes tels que
La Palisse, Prudhomme ou Jocrisse, c'est pour donner

aux peuples l'occasion d'en rire et de les siffler tout à leur aise.

Heureux donc les peuples qui les bafouent et qui les raillent! Malheur à ceux qui les prendraient au sérieux et les applaudiraient! La grande justicière, dont on profane souvent le nom, l'histoire, n'aurait que railleries pour l'infortune de ces peuples... Pour la raconter, une citation de Rabelais lui suffirait. Ecoutez :

« Le marchant, tout effrayé de ce que devant ses yeulx périr voyoit et noyer es moutons, s'efforçoit de les empescher et retenir de son pouvoir. Mais c'étoit en vain. Tous à la file saultoient dedans la mer et périssoient. Finalement, il en prit un grand et fort par la toison sur le tillac de la nauf, cuidant ainsi le retenir, et saulver le reste aussi conséquemment. Le mouton fut si puissant qu'il emporta en mer avec soy le marchant, et fut noyé, en pareille forme que les moutons de Polyphemus le borgne cyclope emportèrent hors la caverne Ulyxés et ses compaignons. Autant en firent les autres bergiers et moutonniers, les prenans uns par les cornes, autres par les jambes, autres par la toison.

« *Lesquels tous furent pareillement en mer portés et noyés misérablement.* »

Ch Longuet.

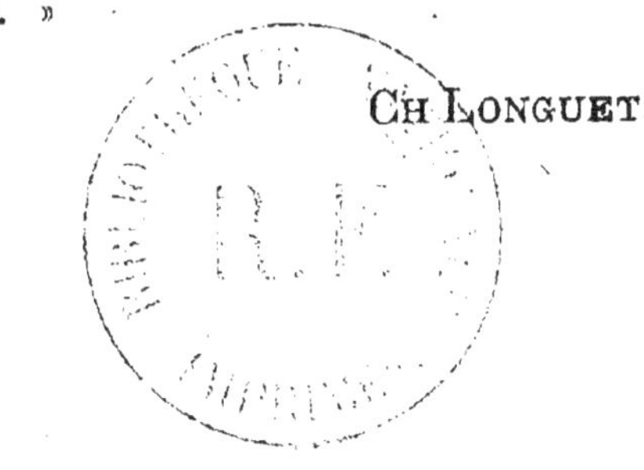

www.ingramcontent.com/pod-product-compliance
Lightning Source LLC
Chambersburg PA
CBHW061807060726
47597CB00007B/3149